Robert Pellier

LE REQUIN

GW00708232

Jack et son père sont des pêcheurs. Un jour son père ne rentre pas à la maison ; Jack se met à sa recherche. Il trouve son père mort, tué par un requin.

Jack tente d'arrêter la compétition de pêche mais il n'y réussit pas. Le requin tue beaucoup de personnes, y compris son meilleur ami. Comment peut-on l'arrêter ?

DANS LES
LECTURES TRÈS FACILITÉES
ON RETROUVE DES HISTOIRES CONNUES
PAR LES ENFANTS OU CONÇUES EXPRÈS POUR EUX.
ELLES SONT ÉCRITES DANS UN LANGAGE SIMPLE ET
ACCOMPAGNÉES D'ACTIVITÉS ET DE JEUX.

La Spiga languages

Jack regarde à travers le hublot[1]. La mer est agitée[2] et il y a du vent. Il pleut aussi. Il réussit à voir un petit bateau. Il n'y a pas de mouvement sur le bateau et pas de lumières. Jack est très préoccupé[3], c'est le bateau de son père ! Quand les bateaux sont près l'un de l'autre, il saute dessus.

« Papa, papa », crie-t-il. Pas de réponse. Il regarde dans la timonerie[4], puis il descend dans la cabine. Il n'y a personne à bord[5] !

1. **hublot :** fenêtre d'un bateau.
2. **mer agitée:** contraire de *mer calme*.
3. **préoccupé :** anxieux.
4. **timonerie :** où on conduit le bateau.
5. **à bord :** sur le bateau.

ACTIVITÉ

 Écoute le bulletin météo de la côte est des États-Unis. Mets les symbôles à l'endroit exact de la carte.

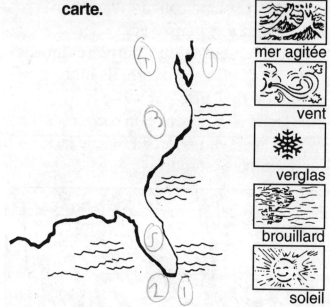

mer agitée

vent

verglas

brouillard

soleil

Dans le nord le temps est mauvais. Il y a du vent et la mer est agitée dans la baie de New York. Il y a du brouillard à Washington D.C., et les routes sont verglacées à Boston. Dans le sud le temps est meilleur. Il y a du soleil pendant toute la journée en Floride, mais la mer est agitée et il y a du vent.

Jack décide de remorquer[1] le bateau au port. Il prend une corde robuste et va à l'arrière du bateau. « Oh, mon Dieu ! Qu'est-ce qui s'est passé ici ? » pense-t-il. Il y a une énorme ouverture[2] sur le côté du bateau. « Une collision[3] avec un autre bateau », pense Jack.

« Probablement la nuit dernière dans le brouillard[4] ! C'est bizarre. Ils n'ont pas demandé de l'aide par radio. »

Puis Jack voit son père. Son corps est à moitié dans l'eau. « Papa… », crie Jack, mais son père est mort.

1. **remorquer :** tirer au moyen d'une remorque.
2. **énorme ouverture:** très grand trou.
3. **collision :** choc.
4. **brouillard:** phénomène atmosphérique qui limite la visibilité.

✎ **Regarde l'exemple et écris des phrases semblables.**

Le navire remorque le
bateau des pêcheurs
au port.

navire/bateau/port

Le bateau remorque le
yacht au port.

bateau/yacht/port

Le camion remorque
la voiture au garage.

camion/voiture/garage

La voiture remorque
la caravane au camping.

voiture/caravane/camping

5

Quand Jack tire son père hors de l'eau, il est choqué[1]. Son père n'a plus de jambes !

« Les gens de l'autre bateau n'ont pas aidé mon père, dit-il, furieux. Je dois appeler la police. »

Jack porte le corps de son père dans la cabine et le recouvre avec une couverture[2]. Puis il remorque doucement le bateau abîmé[3] au port.

1. **choqué :** bouleversé.
2. **couverture :** pièce de tissu en laine utilisé sur les lits.
3. **abîmé :** détérioré, endommagé.

ACTIVITÉ

**Mets ces phrases à la forme négative.
Écoute et corrige.**

Jack porte son père hors de l'eau.

Jack ne porte pas son père hors de l'eau

Il est choqué.

Il n'est pas choqué.

Les gens de l'autre bateau ont aidé son père.

Les gens de l'autre bateau n'ont pas aidé son père

Ils ont prévenu la police par radio.

Ils n'ont pas prévenu la police par radio.

« Je dois prévenir la police. »

Je ne dois pas prévenir la police.

Il met son père dans la cabine.

Il ne met pas son père dans la cabine

Jack conduit le bateau au port.

Jack ne conduit pas le bateau au port.

Sam Gregson, le gardien du phare[1], voit les deux bateaux qui arrivent dans le port. « Le premier est le bateau de Jack Peterson et le second est celui de son père. Ce n'est pas normal », pense-t-il. Sam descend l'escalier[2] du phare. Il met son caban ciré[3] et va vers eux. Jack lance la corde à Sam, qui l'attache au mur. Il raconte l'histoire de la collision. Le vieux gardien regarde le père de Jack. « Ce n'est pas une collision Jack, c'est un requin ! »

1. **phare :** une tour avec une lumière forte, visible de la mer.
2. **escalier :** ensemble de degrés pour monter ou descendre.
3. **caban ciré :** manteau court à deux rangées de boutons.

✎ **Dans chaque cercle il y a un mot. Les six mots forment une phrase. Laquelle ?**

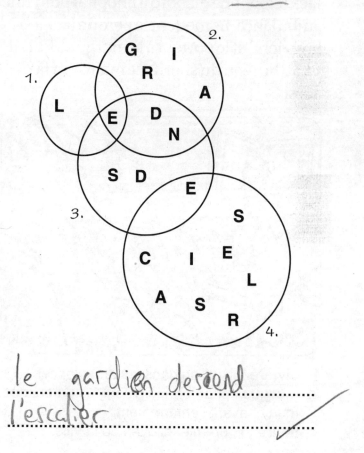

le gardien descend
l'escalier

« Un requin », dit Jack surpris. « Il n'y a pas de requins dans ces eaux. »

« Ce n'est pas impossible », dit Sam. « Il y a longtemps, je me rappelle qu'il y avait des requins ici. Nous devons en informer le shérif. »

Jack téléphone d'abord à l'hôpital pour une ambulance. Ils mettent le père de Jack sur la civière[1] et le portent à la morgue[2]. Puis il va au bureau du shérif. Le maire[3] est là aussi.

1. **civière** : lit utilisé dans les ambulances.
2. **morgue** : chambre où gisent les personnes mortes avant l'enterrement.
3. **maire** : le premier citoyen de la ville.

ACTIVITÉ

Écoute et trouve les mots dans la grille.

R	S	H	E	R	I	F	Z	T	I
A	E	B	C	E	S	C	P	E	M
D	N	I	X	Q	P	I	G	L	P
I	N	L	C	U	M	V	A	E	O
O	O	P	V	I	E	I	R	P	S
E	S	E	A	N	T	E	D	H	S
A	R	R	E	H	G	R	I	O	I
U	E	I	R	B	N	E	E	N	B
X	P	A	U	V	O	L	N	E	L
K	A	M	B	U	L	A	N	C	E

Ici, radio, or, personne, Maire, shérif, civière, gardien, longtemps, téléphone, impossible, ambulance, bureau

11

«Vous devez prévenir[1] tous les bateaux. Personne ne doit sortir en mer », dit Jack.

«Impossible », répond le shérif, «demain il y a une compétition de pêche importante. Je ne peux pas l'empêcher[2]. »

«Mais beaucoup de personnes se baignent dans la mer pendant la compétition », insiste Jack.

«Les touristes dépensent beaucoup d'argent en ville pendant la compétition », répond le maire. « C'est trop important, on ne peut pas l'annuler ».

1. **prévenir :** informer qu'il y a un danger.
2. **empêcher :** interdire.

Des requins en mer ! Qu'est-ce que les gens doivent faire ?
Écoute la cassette et écris des phrases avec *devoir*.

Personne ne doit sauter dans l'eau !

sauter

Les gens doivent rester sur la plage.

rester

Toute la monde doit ~~rester~~ pêcher sur la ~~&~~ côté. !

pêcher

Personne ne doit nager danse la mer. !

nager

Les gens doivent jouer sur la plage. !

jouer

13

Le jour suivant, le soleil brille et il n'y a pas de vent. Le port est bondé[1] de touristes.

« Il y a beaucoup de monde », dit Jack.

« J'espère que tu as tort à propos des[2] requins. »

« Moi, je suis vieux ; je sais ce que je dis », répond Sam.

Il y a toutes sortes de bateaux[3] sur la mer : des barques à rames, des canoës, des radeaux, des yachts et des bateaux de pêcheurs.

« Je prendrai le poisson le plus gros », dit un gros monsieur avec l'accent de New York.

1. **bondé :** très plein.
2. **à propos de :** au sujet de.
3. **toutes sortes de bateaux :** plusieurs types de bateaux.

ACTIVITÉ

✎ **Comment s'appellent ces bateaux ?**
Mets les lettres dans l'ordre exact.

euarda

radeau

tuaeab ed hpercsue

bateau de pêcheurs

hycta

yatch

nacëo

canoë

euqrab a semar

barques à rames

Les bateaux s'éloignent du port. Le juge arbitre[1] tire un coup de pistolet en l'air et la compétition commence. Beaucoup de spectateurs ont mis leur maillot de bain et sautent dans la mer. Les enfants jouent au ballon et les adultes dorment sur les matelas pneumatiques[2]. Jack et Sam regardent l'eau anxieusement.

« Jack, Jack, regarde ! » crie Sam. Jack pointe[3] ses jumelles en direction de l'eau. La queue[4] d'un requin s'approche rapidement d'un groupe de personnes.

1. **le juge arbitre :** la personne responsable de la compétition ou du jeu.
2. **matelas pneumatique :** long coussin caoutchouté qu'on gonfle d'air.
3. **pointer :** diriger.
4. **queue :** extrémité postérieure.

ACTIVITÉ

Écoute et insère les mots dans le texte suivant les dessins.

Le ....*juge abitre*.......... tire un coup en l'air avec un ....*pistolet*......... et la compétition de ....*pêche*.......... commence.

Beaucoup de ....*spectateur*.. ont mis leur ....*maillot*......... de bain et ....*sautent*......... dans la mer.

Les enfants jouent au ....*ballon*......... et les adultes dorment sur les ....*matelas*.......... ....*pneumatique*.........

Jack pointe ses ....*jumelles*......... en direction de l'eau. La ....*queue*.... du requin se rapproche rapidement d'un groupe de personnes.

« Sortez de l'eau ! » crie Jack. Il court frénétiquement en brandissant[1] ses bras. Mais les nageurs ne le voient pas. Le requin s'approche de plus en plus.

Jack voit un homme qui va sous l'eau. Il sort sa tête une seconde, puis il disparaît. Une grande tache rouge apparaît à la surface[2].

Le corps mutilé de l'homme flotte[3] sur l'eau. Il a un seul bras et plus de jambes !

1. **brandir** : agiter les bras dans tous les sens.
2. **à la surface** : sur l'eau.
3. **flotter** : rester sur l'eau.

ACTIVITÉ

✎ **Relie le présent et le participe passé des verbes.**

voir / courir / mettre / flotter / approcher

flotté / approché / vu / couru / mis

✎ **D'après l'exemple écris des phrases avec les verbes ci-dessus.**

Jack voit un homme aller sous l'eau.

Jack a vu un homme aller sous l'eau.

Jack court frénétiquement.

Jack a couru frénétiquement.

Le requin approche de plus en plus.

Le requin a approché de plus en plus.

Le corps mutilé de l'homme flotte sur l'eau.

Le corps mutilé de l'homme a flotté sur l'eau.

Il mett le père de Jack sur la civière.

Il a mis le père de Jack sur la civière.

« **N**ous devons organiser une chasse[1] », dit Jack au shérif.

« Oui, tu as raison, Jack. Je vais chercher des volontaires. »

À quatre heures de l'après-midi, quarante hommes et huit bateaux sont au port prêts à partir. Le shérif leur dit : « Merci d'être venus, braves gens, mais rappelez-vous que ce n'est pas une compétition. Il n'y aura pas de prix[2] à la fin de la chasse. Ce sera vraiment très dangereux. »

Les hommes montent sur leurs bateaux et s'éloignent du port.

1. **chasse :** *(ici)* poursuivre le requin et le tuer.
2. **prix :** récompense.

20

ACTIVITÉ

🎞️ **Réponds aux questions. Écoute et corrige.**

Qu'est-ce que le shérif organise ?

Le shérif organise une chasse.

Où est-ce que les volontaires se rencontrent ?

Les volontaires se rencontrent au port.

À quelle heure est le rendez-vous ?

Le rendez-vous est à quatre heures de l'après midi.

Combien de volontaires y a-t-il ?

Il y a quarante volontaire.

Quel est le prix à la fin de la chasse ?

Il n'ey a pas le prix à la fin de la chasse.

Est-ce que la chasse est dangereuse ?

Oui, la chasse est vraiment dangereuse.

21

Il est presque six heures de l'après-midi quand ils voient le requin. Il zigzague[1] vers un des bateaux de pêche. Quatre hommes ont des harpons[2], ils sont debout et regardent le requin. Le gros monsieur de New York a une canne à pêche[3] très robuste. « Moi, je prendrai le poisson le plus gros », il répète en riant. Au même moment le requin soulève son énorme tête hors de l'eau. L'homme de New York peut compter les dents du requin, avant de tomber en avant dans la gueule du monstre !

1. **zigzaguer :** se déplacer de gauche à droite, ne pas aller en ligne droite.
2. **harpon :** instrument en forme de flèche qui sert à prendre les gros poissons.
3. **canne à pêche :** un long cylindre en bois ou métal utilisé pour pêcher.

ACTIVITÉ

 Regarde les dessins et fais des phrases. Écoute et corrige.

voir/requin/18h

Ils ont vu le requin
à six heures.

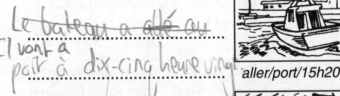

Le bateau a été au

Il vont a
port à dix-cinq heure vingt

aller/port/15h20

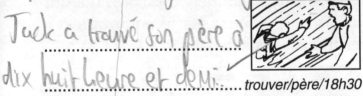

Jack a trouvé son père à
dix huit heure et demi

trouver/père/18h30

L'homme de New York

a tombée en avant dans
tomber/gueule/17h45

la gueule at dix-sept heure quarante cinq

Le juge a tiré le coup

de pistolet a
juge/coup de pistolet/9 h

neuf heure.

23

Le requin nage zigzaguant entre les bateaux. Les hommes lancent les harpons mais ils ne réussissent pas à le prendre. Finalement le requin s'en va. Le shérif contacte par radio les autres bateaux.

« Encore une heure et puis on va rentrer au port. » Il fait sombre[1] quand le requin revient. PAM !

« Qu'est-ce que c'est ? » demande Jack. Le visage de Sam est très pâle[2] ; il est renversé[3] sur la barque.

PAM ! Jack voit le requin qui prend un morceau de la barque. « C'est pas nous qui chassons le requin. C'est le requin qui est en train de nous chasser. »

1. **il fait sombre :** il commence à faire nuit.
2. **pâle :** blanc.
3. **renversé :** incliné en arrière.

24

✎ **Les hommes lancent leurs harpons.
Qu'est-ce qu'ils touchent ?**

Le numéro un touche la plage.

Le numéro deux ..... touche ....

Le numéro trois ..... touche la mer. ....

Le numéro quatre ..... touche le requin ....

Le requin attaque une troisième fois la barque qui se renverse.

« Au secours, au secours ! » crie Sam à la radio. « Notre bateau est en train de sombrer[1]. Shérif, tu m'entends ? » Mais la radio ne fonctionne plus.

« Vite », crie Jack, « nous devons enlever l'eau. »

Sam et Jack remplissent[2] des seaux[3] d'eau et les vident aussitôt dans la mer. Ils ne voient pas le requin, mais ils savent qu'il est près de la barque.

« Il est en train de jouer avec nous, dit Sam, comme le chat et la souris. »

1. **sombrer :** aller sous l'eau.
2. **remplir :** *(ici)* mettre du liquide dans un récipient.
3. **seau :** récipient en métal ou en plastique pour les liquides.

✎ **Vrai ou faux.**

La barque commence à sombrer.   V F

Jack et Sam sont sur le radeau.   V F

Le shérif est *n' pas* sur la barque avec

   Jack et Sam.   V F

Ils remplissent des seaux d'eau.   V F

Sam *n'* aime *pas le* les requins.   V F

Le requin s'en va.   V F

La radio ne fonctionne pas.   V F

🔊 **Écris correctement les phrases inexactes. Écoute et corrige.**

....

....

....

....

Le requin nage[1] toujours autour de la barque. Quelquefois, il pousse la barque en avant.

Vers minuit, il attaque encore.

Sam tombe[2] à l'eau. La grosse tête du requin tape[3] contre le fond de la barque. Sam ne réussit pas à se relever, il tombe vers la gueule ouverte du requin.

« Au secours, au secours ! » crie-t-il.

Jack lui jette une corde, mais les mains de Sam sont très froides et il ne réussit pas à la prendre. Jack voit son meilleur ami disparaître dans la gueule du requin.

1. **pousser :** imprimer un mouvement à quelqu'un ou quelque chose en le heurtant.
2. **tomber :** être entraîné en perdant l'équilibre.
3. **taper :** donner des coups.

ACTIVITÉ

 JETER ▶
PRENDRE

✎ **Regarde les images et décris les
actions.**

Jack jette une corde.

Le newyorkais prend un
poisson.

Il jette

Il jette l'eau.

Il prend le balon
sp?

📼 **Écris les phrases ci-dessu à la
forme négative. Écoute et corrige.**

Il ne jette pas l'eau.

Il ne prend pas le balon.

29

Jack est désespéré. La barque coule. Le requin attaque encore une fois. Jack lance son harpon mais il manque le requin. À l'improviste[1] Jack voit une bouteille d'oxygène[2] et la jette dans la gueule du requin, puis il prend son fusil[3] et tire sur la bouteille d'oxygène. La bouteille explose et le requin se désintègre en millions de morceaux. De sa barque le shérif voit l'explosion et sauve Jack.

Dès lors, il n'y a plus eu de compétition de pêche dans ce village.

1. **à l'improviste :** tout à coup.
2. **bouteille d'oxygène :** récipient long et rond pour l'oxygène.
3. **fusil :** arme à feu.

✎ **Complète ces mots-croisés avec les mots du texte.**

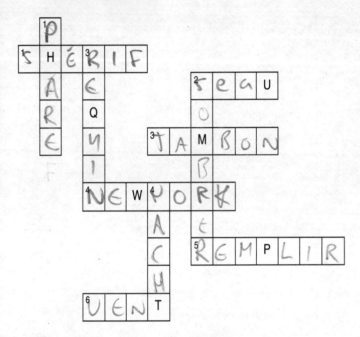

Horizontal

1. *Personne qui fait appliquer la loi.*
2. *Récipient pour l'eau.*
3. *Membres inférieurs.*
4. *Ville des États-Unis.*
5. *Mettre du liquide dans un récipient.*
6. *Déplacement d'air dans le ciel.*

Vertical

1. *Tour avec lumière.*
2. *Aller sous l'eau.*
3. *Animal très dangereux.*
4. *Type de bateau.*

Robert Pellier

HISTOIRES DE FANTÔMES

Voici deux histoires de fantômes d'un écrivain anglais qui s'appelle Jerome Klapka Jerome.

Le fantôme dans la CHAMBRE BLEUE arrive toujours la veille de Noël. Personne ne dort dans cette chambre cette nuit-là. Un Noël, deux jeunes garçons veulent voir le fantôme, donc ils décident de dormir dans la chambre !

Dans l'histoire LE MOULIN, un homme détruit toute sa maison pour trouver l'argent d'un fantôme très riche !

DANS LES
LECTURES TRÈS FACILITÉES
ON RETROUVE DES HISTOIRES CONNUES
PAR LES ENFANTS OU CONÇUES EXPRÈS POUR EUX.
ELLES SONT ÉCRITES DANS UN LANGAGE SIMPLE
ET ACCOMPAGNÉES D'ACTIVITÉS ET DE JEUX.

La Spiga languages

LA CHAMBRE BLEUE

C'est la veille de Noël[1]. Nous sommes assis près du feu, mon oncle, James Talbot et moi.

« Je suis très heureux de vous voir ici, David », dit mon oncle, « personne ne vient ici à Noël. »

« Pourquoi ? » demande James.

« Il y a toujours de terribles bruits[2] dans la chambre bleue le 24 décembre », dit mon oncle. « Les chaises et les tables bougent[3], des verres[4] se cassent et il y a une horrible odeur de fumée. »

« Un fantôme ? » demande James.

1. **La veille de Noël :** le 24 décembre.
2. **bruits :** sons, rumeurs.
3. **bougent :** remuent.
4. **verre :** récipient pour boire.

ACTIVITÉ

Écris les questions pour les réponses suivantes.
Écoute et corrige.

1) *Quelle jour c'est ce* ?

C'est la veille de Noël.

2) *Combien de personnes sont nous* ?

Nous sommes quatre personnes.

3) *Quelle est le 24 décembre* ?

Pourquoi personnes ne viennent ici à Noël

Il y a toujours de terribles bruits.

4) *Où est les terribles bruits* ?

Dans la chambre bleue. *Qu'est ce qui se passe*

5) *Quelle ce qui se passe* ?

Les chaises bougent, des verres se

cassent et il y a odeur de fumée.

6) *Est ce que un fantôme* ?

Oui, c'est un fantôme, un criminel.

3

« *O*ui, un criminel », répond mon oncle. « À la veille d'un Noël il a tué un chanteur qui chantait des chansons de Noël. Le criminel a ouvert la fenêtre et a lancé un morceau[1] de charbon[2] par la fenêtre. Il est tombé dans la bouche du chanteur et l'a tué. Un autre Noël un pauvre homme jouait de[3] la guitare; il est entré dans la maison et le criminel l'a frappé[4] sur la tête avec la guitare et l'a tué lui aussi ! Il tue quelqu'un à chaque Noël ! »

1. **morceau** : portion, part.
2. **charbon** : combustible solide, noir.
3. **jouer de** : faire de la musique avec.
4. **frapper** : battre.

ACTIVITÉ

✎ **Écris l'imparfait de ces verbes à la troisième personne du singulier. Forme des phrases avec ces verbes.**

chanter	chantait
tomber	tombait
taper	tapait
jeter	jetait
s'asseoir	asseyait

James chantait une chanson.
Le chatbon tombait dans la bouche.
Le fantôme tapait sur la fenêtre.
Il jetait une morceau de chatbon.
Un pauvre homme s'asseyait sur le chaire

✎ **Mets les phrases à la forme négative.**

James ne chantait pas une chanson
Le fantôme ne tapait pas sur la fenêtre.
Il ne jetait pas un morceau de chatbon.
Un pauvre homme ne s'asseyait pas sur le chaire.

5

« Personne ne dort dans la chambre bleue la veille de Noël ! C'est la chambre du crime[1] », continue mon oncle.

« Ah, ah, ah », rit James. « Moi, Je vais dormir dans la chambre bleue. Il n'y a pas de fantômes. C'est seulement de l'imagination. »

« Tu viens d'une grande ville. Des choses bizarres[2] se passent[3] ici en Écosse. »

« Je veux passer la nuit dans cette chambre », insiste James.

« Et moi aussi ! » dis-je.

1. **crime :** délit.
2. **bizarres :** curieuses, étranges.
3. **se passer :** se produire, arriver.

ACTIVITÉ

Regarde les exemples et forme des phrases. Écoute et corrige.

Il y a des fantômes.

Il n'y a pas de fantômes.

Il y a des chaises.

Il n'y a pas de chaises

Il y a du feu.

Il n'y a pas de feu.

Il y a de la fumée.

Il n'y a pas de la fumée

Il y a des lits.

Il n'y a pas de lit.

Il y a des verres.

Il n'y a pas de verre.

À 11 heures nous allons au lit. La porte de la chambre à coucher s'ouvre en grinçant[1] et nous entrons. Il n'y a pas d'électricité dans cette chambre, mais James a une bougie. La chambre n'est pas très grande. Il y a un grand lit à gauche et deux fauteuils[2] en face de la cheminée. Je demande : « Y a-t-il du bois ? Nous pouvons allumer[3] un bon feu, il fait très froid ici. » Mais il n'y a pas de bois. À ce moment-là la bougie s'éteint[4].

1. **grinçant :** faisant le bruit d'une vieille porte rouillée.
2. **fauteuil :** siège à dossier et à bras.
3. **allumer :** mettre le feu, éclairer.
4. **s'éteint :** cesse d'éclairer.

ACTIVITÉ

 **Relie le masculin de la colonne *A*
au féminin de la colonne *B*.
Écoute et corrige.**

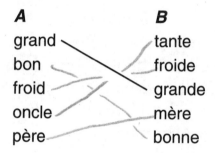

A	*B*
grand	tante
bon	froide
froid	grande
oncle	mère
père	bonne

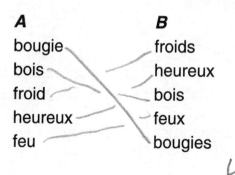 **Relie le singulier de la colonne *A* au
pluriel de la colonne *B*.**

A	*B*
bougie	froids
bois	heureux
froid	bois
heureux	feux
feu	bougies

James cherche à allumer la bougie quatre fois de suite. « Je n'y arrive pas », dit-il. « Nous devons nous déshabiller[1] et aller au lit dans l'obscurité. »

Je m'assieds sur le lit et écoute le vent qui souffle dehors. James dort, mais j'ai trop peur[2] pour m'endormir !

DONG, DONG, DONG… l'horloge sonne.

« Minuit déjà », je pense. Puis, je vois le fantôme. Il traverse la chambre, soulève un fauteuil et le déplace près de la cheminée. Il s'assied et met une pipe dans sa bouche. L'odeur du tabac remplit[3] la chambre.

1. **se déshabiller :** enlever les vêtements que l'on porte.
2. **j'ai trop peur :** je suis effrayé.
3. **remplir :** rendre plein.

ACTIVITÉ

 **Regarde l'exemple. Écris des
phrases selon les images.
Écoute et corrige.**

J'ai trop peur pour dormir.

John *a* trop fatigué pour
manger.

fatigué / manger

David *a* trop froid pour
sortir.

froid / sortir

Mon oncle *a* trop chaud
pour jouer.

chaud / jouer

Le chanteur *a* trop froid
pour jouer la guitare.

froid / jouer de la guitare

11

James se réveille. « Qui est cet homme ? » demande-t-il. « C'est le fantôme ! » dis-je tremblant[1]. James se lève[2] et va s'asseoir dans l'autre fauteuil.

« Bonsoir », dit James, « est-ce que les fantômes fument ? » Le fantôme sourit.

« Quand nous mourons, nous pouvons avoir tout le tabac que nous avons fumé pendant notre vie », dit-il.

« Demain je vais commencer à fumer beaucoup de tabac », dit James.

« J'aime le Cavendish[3] », dit le fantôme.

« Qu'est-ce que tu fumes, toi ? »

« Moi aussi, j'aime le Cavendish », répond James.

1. **trembler :** frissonner à cause de la peur.
2. **se lever :** sortir du lit.
3. **Cavendish :** type de tabac pour pipe.

Écoute et mets les mots dans le bon ordre.

lève / James / se / fauteuil / s'asseoir / l'autre /
dans / va / et

James se lève et va s'asseoir dans l'autre fauteuil.

les / fument ? / que / est-ce / fantômes

Est-ce que les fantômes fument ?

commencer / tabac / je / beaucoup / vais /
fumer / à / demain / de

Je vais commencer à fumer beaucoup de tabac à demain.

Cavendish / moi / le / aussi / j'aime

Moi aussi j'aime le Cavendish.

avoir / pouvons / le / tout / notre / nous / tabac /
fumé / nous / que / avons / pendant / vie

Nous pouvons avoir tout le tabac que nous avons fumé pendant notre vie.

13

Assis sur le lit, j'écoute James qui parle avec le fantôme.

« Est-ce toi qui as tué le chanteur des chansons de Noël ? »

« Oui », répond le fantôme, « il avait une voix terrible. »

« Et le joueur de guitare ? »

« LE JOUEUR DE GUITARE », hurle[1] le fantôme, « il ne savait même pas jouer du triangle[2] ! Il jouait de la musique terrible sous ma maison ! »

« Les gens t'ont vu tuer beaucoup de personnes à Noël », dit James.

« Je n'ai tué que des musiciens qui ne savaient ni jouer ni chanter », répond le fantôme.

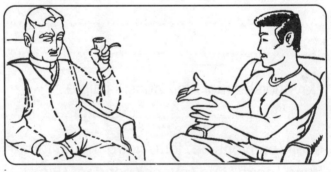

1. **hurler :** pousser des cris.
2. **triangle :** instrument de musique en métal, très simple à jouer.

14

ACTIVITÉ

 Mets ces phrases à la forme négative en utilisant les suggestions. Écoute et corrige.

A 11 heures nous allons au lit. *(pas)*

A 11 heures nous n'allons pas au lit.

La porte de la chambre à coucher s'ouvre en grinçant. *(jamais)*

La porte de la chambre à ne coucher ne s'ouvre jamais grinçant

Il y a un grand lit à gauche. *(rien)*

Il ne y a rien un grand lit à gauche

Il y a un homme en face de la cheminée. *(personne)*

Il ne y a personne en face de la cheminée.

Il y a du bois. *(pas)*

Il n'y a pas du bois

15

« J'étais professeur de musique », continue le fantôme, « j'aimais Beethoven, Mozart et Liszt. »

« Oh, moi aussi j'aime beaucoup Beethoven », dit James, « je joue du violon, écoute-moi. » Il y a un vieux violon sur le sol. James commence à jouer.

SCREEECH[1], SCREEECH, SCREEECH !

Le bruit est horrible. Le fantôme se bouche les oreilles[2]. « Arrête ! » hurle le fantôme et il lui arrache[3] le violon. Je saute du lit et entraîne James hors de la chambre. Le violon tombe sur la porte une fois refermée.

« Ai-je si mal joué du violon ? » demande James. « Oui, et tu as risqué de devenir la victime de cette année ! »

1. **screech** : le bruit terrible d'un violon mal joué.
2. **se bouche les oreilles** : il met ses doigts dans les oreilles pour ne pas entendre le bruit.
3. **arracher** : prendre avec force.

Écoute et trouve les mots dans la grille.

P	R	O	F	E	S	S	E	U	R
T	O	D	E	M	O	T	N	A	F
B	N	O	L	O	V	E	N	N	E
R	E	U	O	J	E	L	V	N	C
Z	Y	M	A	L	U	I	O	E	O
L	H	M	L	Z	Q	T	H	E	U
I	E	X	D	O	I	G	T	S	T
S	T	O	P	X	S	Y	E	H	E
Z	V	O	I	X	U	Z	E	A	R
T	R	A	Z	O	M	T	B	B	C

Écris les mots que tu as trouvés.

Mozart, professeur, Liszt,
Beethoven, fantôme, voix, doigt,
jouer, musique, violon, amer,
écouter,

Le Moulin

Mon frère est allé habiter dans un vieux moulin[1] dans le sud de l'Angleterre.

« Il y a un fantôme dans ce moulin », disent les voisins. « Un meunier[2] très riche[3] vivait ici. Il disait qu'il était pauvre, mais tout le monde savait qu'il avait beaucoup d'argent. Après sa mort, sa famille a cherché dans le moulin, la cuisine, les chambres à coucher, partout. Ils n'ont même pas trouvé un sou[4] ! »

1. **moulin :** établissement où on fait la farine.
2. **meunier :** personne qui travaille dans un moulin.
3. **riche :** contraire de *pauvre*.
4. **sou :** argent.

ACTIVITÉ

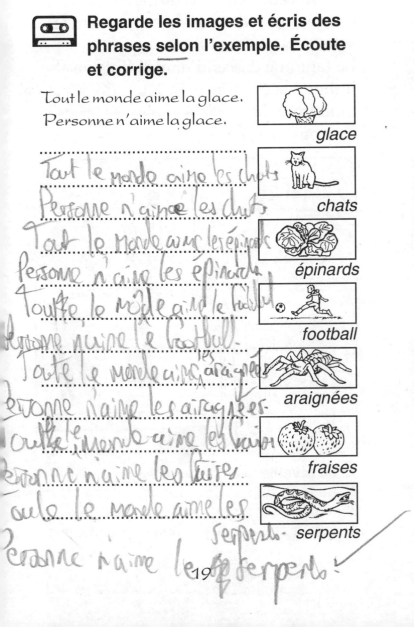

Regarde les images et écris des phrases selon l'exemple. Écoute et corrige.

Tout le monde aime la glace.
Personne n'aime la glace.

glace

Tout le monde aime les chats
Personne n'aime les chats

chats

Tout le monde aime les épinards
Personne n'aime les épinards

épinards

Tout le monde aime le football
Personne n'aime le football.

football

Tout le monde aime les araignées
Personne n'aime les araignées.

araignées

Tout le monde aime les fraises
Personne n'aime les fraises.

fraises

Tout le monde aime les serpents.
Personne n'aime les serpents!

serpents

19

Une nuit, mon frère se réveille[1] et voit le fantôme. Il est au fond du[2] lit. Il demande à mon frère de se lever et de le suivre.

« Il veut m'indiquer[3] où se trouvent ses sous », pense mon frère.

Le fantôme descend dans la cuisine et indique la cheminée. Le jour suivant[4], mon frère démonte la cheminée, mais il ne trouve rien !

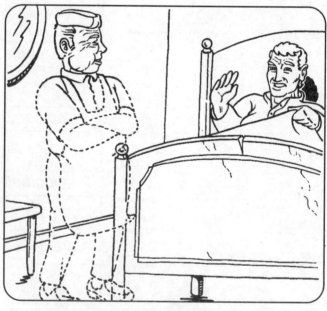

1. **se réveille :** sort du sommeil.
2. **au fond du :** au bout du.
3. **m'indiquer :** me montrer, me faire voir.
4. **le jour suivant :** le jour après, le lendemain.

ACTIVITÉ

 Mots croisés. Regarde les dessins et complète la grille. Écoute et corrige.

1.

2.

3.

4.

5.

6.

7.

1. CUISINE
2. ARGENT
3. GARÇON
4. FANTÔME
5. CHAMBRE
6. MOULIN
7. CHEMINÉE

Quel est le mot caché ? ...... CERTAIN

21

La nuit suivante, mon frère se réveille encore. Le fantôme est près de[1] la fenêtre. Il indique à Jean de le suivre. Il enfile son jeans et descend au rez-de-chaussée[2]. Le fantôme revient dans la cuisine et indique le plancher[3]. « L'argent est ici », pense mon frère. Le matin suivant les maçons[4] arrivent et soulèvent le plancher de la cuisine. Ils ne trouvent rien !

1. **près de :** à côté de.
2. **rez-de-chaussée :** la partie basse d'une maison.
3. **plancher :** sol.
4. **maçon :** homme qui construit les maisons.

ACTIVITÉ

✎ **Réponds aux questions suivantes.**

Où était John ?

John était dans la chambre.

Est-ce que le fantôme est au lit ?

Non Le fantôme est près de la fenêtre.

Où est-il ?

Le fantôme n'est pas au lit

Qu'est-ce que John enfile ?

John enfile son jeans.

Pourquoi descend-il au rez-de-chaussée ?

Il descend au rez-de-chaussée
pusque Il pense Il trouverai l'argent.

Quand arrivent les maçons ?

Les maçons arrivent le matin suivant

Qu'est-ce qu'ils soulèvent ?

Ils soulèvent le planches.

La troisième nuit, mon frère est très fatigué quand le fantôme du meunier le réveille, mais il le suit quand même dans la cuisine. Cette fois, le fantôme indique le plafond[1]. « Le meunier est mort il y a vingt ans », pense mon frère, « probablement il ne se rappelle plus[2] où est son argent. »
Le jour, les maçons enlèvent[3] le plafond. Une chaise tombe de la chambre à coucher de l'étage supérieur dans la cuisine, puis une table, puis le lit ! Mais il n'y a pas d'argent.

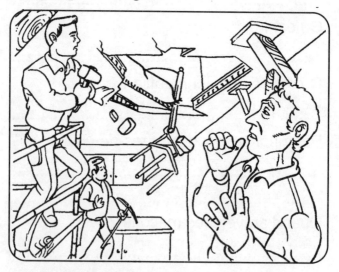

1. **plafond** : partie supérieure d'une pièce.
2. **il ne se rappelle plus** : il ne se souvient plus.
3. **enlever** : retirer.

ACTIVITÉ

🎞️ **Vrai ou faux ? Écoute et corrige.**

Le fantôme était un meunier. (V) F

Ils vont dans le jardin. V (F)

Le fantôme indique le plafond. (V) F

Le meunier est mort il y a trente ans. V (F)

Le maçon démonte la porte. ~~V~~ (F)

La chambre à coucher est
au-dessus de la cuisine. (V) F

Il y a beaucoup d'argent
dans le plafond. V (F)

✎ **Maintenant écris correctement
les phrases qui ne sont pas vraies.**

Ils vont dans la cuisine.

Le meunier est mort il y a vingt ans.

Le maçon démonte le plafond.

Il n'y a pas d'argent dans le
plafond.

25

Mon frère est vraiment furieux[1] quand le fantôme le réveille la quatrième nuit ! Il prend sa botte[2] et la lance contre le fantôme. Mais la botte passe à travers le fantôme et casse[3] la glace. Le fantôme indique la mansarde[4]. « L'argent doit être dans la mansarde ! » pense Jean. Mon frère démonte la mansarde et les murs… mais il ne trouve rien.

1. **furieux :** très fâché.
2. **botte :** genre de chaussure haute.
3. **casser :** briser.
4. **mansarde :** partie de la maison sous le toit.

ACTIVITÉ

✎ **Écris des phrases en regardant les images.**

L'argent doit être dans le mur !
Non, il n'est pas dans le mur.

(chien/niche) Le chien doit être dans la niche.

(lait/réfrigérateur) Le lait doit être dans le réfrigérateur

(botte/armoire) La botte doit être dans l'armoire.

(livre/cartable) Le livre doit être dans le cartable.

« Tu es un idiot[1] », crie Jean au fantôme la cinquième nuit. « Va-t'en, reviens quand tu te rappelles où tu as caché[2] l'argent. » Jean tente de[3] dormir, mais il n'y réussit pas ! Chaque fois qu'il ouvre les yeux, le fantôme du meunier est là.

« Pourquoi n'as-tu pas fait une plan[4] ? » crie mon frère.

Jean voit les larmes[5] dans les yeux du fantôme.

« Il est en train de pleurer ! » pense Jean.

« Oh, s'il te plaît, ne pleure pas, je veux t'aider à retrouver ton argent. »

1. **idiot :** une personne stupide.
2. **caché :** dissimulé, celé.
3. **tente de :** essaye de, cherche à.
4. **plan :** un papier avec des indications.
5. **larmes :** gouttes de liquide qui sortent des yeux quand on pleure.

ACTIVITÉ

Écoute la cassette et écris ce que Jean fait chaque fois qu'il voit le fantôme.

Le premier jour il démonte la cheminée.

Le deuxième jour Il démote le plancher de la cuisine.

Le troisième jour il démote le plafond de la cuisine.

Le quatrième jour il démote le mahsarde.

Le cinqième jour il demonte toute de la maison.

29

ean cherche l'argent partout. Il démonte complètement sa maison ! Mon frère ne trouve pas l'argent dans le moulin et il n'a plus de maison !

Le fantôme ne vient pas la sixième nuit. Mon frère se rend au cimetière[1]. Il trouve la tombe du meunier. Sur la pierre tombale il lit : JACOB FRYER, meunier. Né le 1er avril 1907. Mort le 1er avril 1972. « Le premier avril[2] ! » dit mon frère. « C'est une plaisanterie. Il n'y a pas d'argent ! Le fantôme du meunier n'était pas en train de pleurer ! Il était en train de RIRE ! »

1. **cimetière :** lieu où les personnes sont enterrées.
2. **premier avril :** jour du "poisson d'avril", où pour tradition on fait des plaisanteries.
3. **plaisanterie :** moquerie, truc pour faire rire.
4. **rire :** contraire de *pleurer*.

ACTIVITÉ

✎ **Le premier avril est le "jour du poisson d'avril". Qu'est-ce que ces enfants ont fait le 1er avril ? Suis les lignes !**

Sophie

Anne

Paul

Marc

✓ Jean

Sophie

~~Jean~~ a mis un poisson dans la baignoire !

Marc a mis un serpent dans la botte.

Paul a mis une grenouille dans la tasse.

Anne a mis un chien sur le lit.

Sophie a mis une airagnée dans le bol.

Jean

31

© 2008 **ELI** SRL - **LA SPIGA LANGUAGES** • TÉL. +39 02 2157240 • info@laspigamodern.com • info@elionline.com
IMPRIMÉ EN ITALIE PAR **TECHNO MEDIA REFERENCE**